BEI GRIN MACHT SICH IHR WISSEN BEZAHLT

- Wir veröffentlichen Ihre Hausarbeit,
  Bachelor- und Masterarbeit

- Ihr eigenes eBook und Buch -
  weltweit in allen wichtigen Shops

- Verdienen Sie an jedem Verkauf

Jetzt bei www.GRIN.com hochladen
und kostenlos publizieren

Bibliografische Information der Deutschen Nationalbibliothek:

Die Deutsche Bibliothek verzeichnet diese Publikation in der Deutschen National-bibliografie; detaillierte bibliografische Daten sind im Internet über http://dnb.d-nb.de/ abrufbar.

Dieses Werk sowie alle darin enthaltenen einzelnen Beiträge und Abbildungen sind urheberrechtlich geschützt. Jede Verwertung, die nicht ausdrücklich vom Urheberrechtsschutz zugelassen ist, bedarf der vorherigen Zustimmung des Verlages. Das gilt insbesondere für Vervielfältigungen, Bearbeitungen, Übersetzungen, Mikroverfilmungen, Auswertungen durch Datenbanken und für die Einspeicherung und Verarbeitung in elektronische Systeme. Alle Rechte, auch die des auszugsweisen Nachdrucks, der fotomechanischen Wiedergabe (einschließlich Mikrokopie) sowie der Auswertung durch Datenbanken oder ähnliche Einrichtungen, vorbehalten.

Impressum:

Copyright © 2017 GRIN Verlag
Druck und Bindung: Books on Demand GmbH, Norderstedt Germany
ISBN: 9783668745940

Dieses Buch bei GRIN:

https://www.grin.com/document/431672

Amelie Lauber

Durchführung und Auswertung eines qualitativen Interviews. Praxis und Theorie

GRIN Verlag

GRIN - Your knowledge has value

Der GRIN Verlag publiziert seit 1998 wissenschaftliche Arbeiten von Studenten, Hochschullehrern und anderen Akademikern als eBook und gedrucktes Buch. Die Verlagswebsite www.grin.com ist die ideale Plattform zur Veröffentlichung von Hausarbeiten, Abschlussarbeiten, wissenschaftlichen Aufsätzen, Dissertationen und Fachbüchern.

Besuchen Sie uns im Internet:

http://www.grin.com/

http://www.facebook.com/grincom

http://www.twitter.com/grin_com

Otto-Friedrich-Universität Bamberg
Fakultät für Geistes- und Kulturwissenschaften
Lehrstuhl für Europäische Ethnologie
Übung: Sparen, tauschen, teilen: Ökonomien aus kulturwissenschaftlicher Perspektive.
Wintersemester 2017/18, Fachsemester 3

Durchführung und Auswertung eines qualitativen Interviews - Praxis- und Theorie.

Eingereicht von: Amelie Lauber
Eingereicht am: 31.01.2018

Das Interview

Aufgabe:
Als Interviewpartner für mein qualitatives Interview habe ich eine Person herangezogen, welche Teil einer Ökonomie ist und sie über dieselbe befragt. Die von mir untersuchte Ökonomie war die "Wohngemeinschaft". Mein Forschungsinteresse bezog sich hierbei auf die Bereiche „Geschichte", „Funktion" und „Mitgliedschaft" und zielte darauf ab, möglichst viel über das Alltagswissen und die persönlichen Vorstellungen eines WG-Bewohners herauszufinden. So interessierte mich beispielsweise wie es zur Gründung der WG kam, oder weshalb der Befragte sich dafür entschieden hat in einer Wohngemeinschaft zu leben und wie sich die Mitglieder der WG zusammengefunden haben. Mein ausgewählter Interviewpartner lebte in den letzten acht Jahren in mehreren Wohngemeinschaften und schien mir daher gut für das Interview geeignet. Da er Teil meines Bekanntenkreises war, konnte ich den Kontakt leicht herstellen.

❖ **Angaben zum Interviewten:**
Herr ▮▮▮▮ ledig, Master-Student BWL,
28 Jahre, wohnhaft in Bamberg (Innenstadt)

❖ **Angaben zum Interviewer:**
Amelie Lauber, Studentin -NF Europäische Ethnologie,
24 Jahre, wohnhaft in Bamberg.

❖ **Ort des Interviews:**
In Herr ▮▮▮ Wohngemeinschaft, am Esstisch im Wohnzimmer.
Mitbewohner waren nicht Zuhause.

❖ **Datum des Interviews:**
02.01.2018

❖ **Dauer des Gesprächs:**
1h 3min

❖ **Thema des Interviews:**
Persönliche Einblicke bezüglich Geschichte, Funktion und Mitgliedschaft
einer Wohngemeinschaft als Ökonomie.

Transkript

*Die Interviewerin Amelie Lauber wird im Folgenden mit >A< abgekürzt, der Interviewpartner ████ ████ mit <J>.

** Um die Auswertung des Interviews zu erleichtern und dem Leser einen besseren Überblick über die einzelnen Sinn-Abschnitte des Interviews und der Auswertung zu verschaffen befinden sich im folgenden Transkript einige Zwischenüberschriften. Sie sind durch die Farbe Orange vom restlichen Text abgehoben.

*** Nachdem der Gesprächsablauf geklärt wurde, der Interview-Partner mit Hilfe eines kurzen Fragebogens Angaben zu seiner Person mittteilte und Inhalte des Interviews veröffentlicht werden dürfen, begann das eigentliche Interview. Da die Personen zum Zeitpunkt des Gesprächs bereits eine private Beziehung zueinander hatten, führten sie as Gespräch per du.

1. Geschichte

1.1. Erzählgenerierende Einstiegsfrage

A: So, gut. Dann geht es nun offiziell los. Wie du weißt geht es ja um dein Leben in einer Wohngemeinschaft. Hierzu hab' ich mehrere Fragen.

J: Ja. Ok.

A: Bitte erzähl mir doch was es für dich bedeutet in einer Wohngemeinschaft zu leben?

J: Ähm... Was bedeutet es für mich? Das ist eine schwierige Frage. Ich würde sagen, derzeit jetzt so wie meine Wohngemeinschaft jetzt gerade ist, ist es eher so eine Situation die besteht, weil ich nicht in der Lage bin mit so alleine die Wohnung zu leisten und daher würde ich eher sagen, in Anführungszeichen, eine Notsituation. Ist jetzt nicht schlimm oder dramatisch, aber ich würd' das jetzt derzeit nicht als Wohngemeinschaft bezeichnen, sondern sogar fast mehr als Zweckgemeinschaft... Weil ich jetzt einfach keine Beziehung zu meinen Mitbewohnern habe groß. Ja, das würde ich sagen bedeutet es für mich.

1.2. Einzug in die WG

A: Ok. Wie kam es denn überhaupt dazu kam, dass du in deiner Wohngemeinschaft lebst, wenn du wie du sagst „keine große Beziehung zu deinen Mitbewohnern hast"

J: Ähm... Ja. Ein Freund und ich, wir haben uns eine Wohnung gesucht und haben dann eben eine richtig schöne Wohnung in der Bamberger Innenstadt gefunden, die aber vier Zimmer hatte und (...) ähm (...) quasi ein Wohnzimmer und drei Schlafzimmer und wir die Wohnung aber sozusagen erst ja nur zu zweit hatten, also nur zu zweit dort leben wollten, aber da aufgrund von Renovierungen die Miete erhöht wurde und dadurch wir diese Wohnung mieten wollten aber die durch die Renovierung mittlerweile ziemlich teuer wurde wollten wird das vierte Zimmer, das war ja einfach renoviert worden, da wär aber gar nichts weiter drin gewesen. Da wollten wir dafür dann eben eine weitere Person reinholen. Das war jetzt kein richtiger Freund. Eher ein guter Bekannter, aber das Mädel, dass dann mit uns gewohnt hat, die kannten wir bis dahin auch nicht also vorher nicht. Und (...) Mittlerweile ist die auch wieder weggegangen und er auch, aber ja. Das war so wie es erstmal so zu der WG kam in der ich da wohn jetzt noch. Also meine zweite WG.

A: Ah, du hast also vorher auch schon in einer WG gewohnt?

J: Ja. Genau.

A: Gut, dann setzen wir doch da einfach erstmal an. Mich würde nämlich überhaupt interessieren wie du deine Lebenssituation beschreiben würdest als du in eine WG eingezogen bist?

J: Ähm. (...) Angenehm. Immer. Meine Lebenssituation war nie schlecht jetzt. Immer gut.

A: Gut und (...) was hast du da grade gemacht in deinem Leben? Also

J: (Fällt Amelie ins Wort) Studiert. Da hab' ich, also als ich grade in die Wohnung eingezogen bin zu der Zeit hab' ich grade so mehr oder weniger meinen Bachelor beendet. Ja.

A: Und wie alt warst du als du da zum ersten Mal in eine WG gezogen bist?

J: (Schnauft tief durch, schließt die Augen und nimmt eine nachdenkliche Haltung ein) Ja, so, sechs, doch ja, so sechsundzwanzig würd' ich, ja das würd' ich sagen. Nein! (J. erhebt die Stimme) Falsch! Fünfundzwanzig! Ja, sicher, ganz sicher, Fünfundzwanzig! Ja.

A: Ok, und sonst so deine Umstände, also warst du da in einer Beziehung, oder

J: (▆ fällt Amelie ins Wort) Ja. Schon über n Jahr zu der Zeit sogar. Und (4) ja und umgezogen bin ich da halt in der gleichen Stadt nur. Also halt Zuhause dann wieder als ich wieder da war dann halt gleich Stadt. In Bamberg nur.

A: Du sagst du wärst umgezogen als du „wieder Zuhause warst". Wo warst du denn vorher?

J: Weil ich vorher in Spanien war. Da hab' ich auch schon paar Wochen mit Freunden gewohnt. Keine richtige WG, aber halt ähnlich. Und (...) ja und ich kam dann zurück und hatte mich von Spanien aus mehr oder weniger noch nicht gekümmert halt was zu haben wieder, wenn ich Nachhause komme und hatte dann sozusagen eine Notsituation, weil ich halt schnell eine Wohnung brauchte, also halt schnell was gebraucht hab wieder hier quasi. Musst halt schnell was finden und da hat sich das angeboten.

A: Du hast also schnell eine Wohnung gebraucht und da hat sich eine WG damals angeboten? Hab' ich das richtig verstanden? So kam es dann also zu deiner, also zu der ersten WG?

J: Ja. So. Genau.

A: Und warum hat sich das jetzt dann so angeboten genau?

J: Hauptsächlich aus Konstengründen (sic!). Also einfach die Kosten. Das ist auch ziemlich schwierig in Bamberg eine ein oder zwei Zimmer Wohnung zu finden die einen guten Preis hat und ich hab dann sogar noch eine gefunden damals, also eine Wohnung noch die in Frage gekommen wär, aber die Vermieterin wollte damals lieber eine Frau haben die einzieht und keinen Mann und dadurch ist dann die Situation entstanden, dass ich halt schnell was anderes noch gebraucht habe halt weil meine eigene Wohnung halt, also meine erste Wahl wurde halt nix und dann kam es halt eben dazu mit der WG.

A: Du hast jetzt grade erzählt, dass die Vermieterin lieber eine Frau gehabt hätte und (...) meinst du Du hättest sonst nichts gefunden allein und deshalb die WG dann grade auch?

J: Naja, ne also eine weiß ich jetzt nicht. Ich denk' wenn ich mich da jetzt wirklich mal mehr bemüht hätte und mich da länger (...) (▓▓ überlegt sichtlich) Also ich hab' ja nur wirklich also so zwei, drei Wochen gesucht halt nach einer Wohnung. Wenn ich mich länger damit beschäftigt hätte, dann wär' es sicher was geworden aber ist es halt da nicht und dann bin ich eben damals schnell in eine WG gezogen in Bamberg. Hätte aber bestimmt schon was gefunden. Aber ist natürlich auch eine Preisfrage. Und daher halt für mich dann als Student eben schwerer was zu finden als für jemanden der halt schon arbeitet. Und ja. (...) Das war damals beim ersten Mal der Grund und war dann auch danach wieder der Grund jetzt bei der WG in der ich halt jetzt wohne eben.

A: Du sagst als Student ist es schwerer was zu finden als mit für jemanden der schon was arbeitet. Ist es wohl in deinem Bekanntenkreis so, dass die Studenten häufig in WGs leben und die arbeitenden nicht mehr? Oder woher nimmst du diese Einschätzung jetzt, dass du das so unterschiedest?

J: Ne. (Atmet laut) würd' ich so gar nicht sagen. Kommt natürlich auch drauf an in welchen Städten die Leute immer leben. Also so würde ich das jetzt allgemein nicht sagen, dass es immer für die Studenten schwerer ist und für die arbeitenden automatisch leichter. Ich hab' auch genauso Freunde die studieren nicht mehr und leben halt immer noch nicht allein, also in WGs und gibt auch welche die dann schon alleine gelebt haben trotzdem, auch seit sie Studenten waren. Und jetzt bei Basti und mir wars aber halt einfach so, dass wir beide studiert haben und dadurch einfach beide nicht genug Geld für ne eigenen UND halt auch SCHÖNE Wohnung gehabt hätten.

A: Ok, verstehe. Und seit wann bist du mittlerweile in deiner jetzigen WG in der du gerade lebst?

J: Puh (J. atmet schwer aus) zwei Jahre und (...) neun Monate.

A: Ok. Und das ist jetzt soweit ich es verstanden hab nicht deine erste WG.

J: ne.

A: Und deine jetzige WG hast du mit deinem Freund Basti „eröffnet" (A. macht mit den Fingern Anführungszeichen während sie spricht). Also die gab es vorher noch nicht.

J: Das ist richtig so, Ja.

A: Gut. Und sah die WG schon zu Beginn so aus wie jetzt? (ausschweifende Arm-Bewegung durch den Raum) oder habt ihr beim Einzug irgendwas verändert?

J: Es war keine Küche drin, also haben wir eine komplette Küche eingebaut und dann halt auch Badezimmerschränke und solche Geschichten und halt n paar Sachen noch natürlich mit in die Wohnung gebracht wie Möbel und so weiter. Ja. (...) Mh.

A: Habt ihr dann zu zweit aufgebaut was man so grundlegend in der Wohnung braucht?

J: Ja, genau. So. Haben wir. Zu zweit gemacht und dann haben wir erst einen Monat später eine Mitbewohnerin gesucht.

A: Ahja. Und wer war die Mitbewohnerin dann?

J: Evi hieß die.

A: Evi, du und dein Freund. Und wohnt ihr jetzt immer noch in der gleichen Konstellation zusammen in der ihr die Wohnung bezogen habt?

J: Ne. Mh. Ne das war so, dass die beiden, die damals die Wohnung mit mir aufgemacht haben beide weg sind jetzt. Also Basti ist weg und Evi ist auch weg.

1.3. Aktuelle Mitbewohner

A: Wer lebt hier dann jetzt aktuell noch?

J: Der zeit lebt hier Martina und Katrin. Beziehungsweise eigentlich nicht mal, weil Katrin ist grad Praktikum in Amerika machen. Deshalb hat Katrin Jemanden zur Zwischenmiete drin, die Alexandra heißt, die Praktikum in Bamberg macht. (Atmet tief durch) Ähm. Ja Praktikum bei (...) Bosch.

A: Ok, eine neue Konstellation also. Und seit wann leben deine beiden neuen Mitbewohnerinnen dann jetzt mit dir hier so?

J: Katrin seit (████ spricht jetzt sehr langsam und nachdenklich) September Zwei Sechzehn und (7) und Martina seit Oktober, ne November zwei Sechzehn. Achja und die studieren auch beide. Typisch halt für WG.

A: Und Katrins Zwischenmieterin?

J: Macht Praktikum. Und wohnen tut die hier drin seit (J. runzelt die Stirn) September Zwei Siebzehn.

A: Ok. (4) Kanntet ihr denn einander schon vor dem Einzug?

J: Ne. Keiner kannte sich.

A: Wie hast du sie dann kennengelernt?

J: (räuspert sich) Einfach über eine Wohnungs-Annonce und die kamen dann her und haben sich vorgestellt. (...) Ja.

A: Wer hat die Annonce dann geschalten? Hast du die Wohnungsannonce geschaltet, oder derjenige der auszog, oder /

J: ähm, die wurde geschalten, von dem der auszog.

A: OK. Und wurde das dann da abgesprochen von den anderen Mitbewohnern wer reinkommt, also habt ihr dann zusammen entschieden als, ähm (...) Basti auszog?

J: Auch Evi. Also auch Evi zog aus. Die sind eigentlich gleichzeitig ausgezogen, deshalb wurde das dann auch nicht gemeinschaftlich besprochen. Ich war ja dann allein also konnte ich es dann ja selbst bestimmen.

A: Achso! (A. antwortet laut und erstaunt) Ok, jetzt versteh ich es. Beide sind ausgezogen. Also hast du dir es alleine überlegt wer einzieht?

J: Ja, genau.

A: Und was für Kriterien waren dir dann bei deinen neuen Mitbewohnern wichtig? Also was sollte ein Mitbewohner mitbringen als du gesucht hast?

J: Welche Kriterien? Puh (schnauft) Kriterien würd' ich nicht wirklich sagen. Kriterien hatte ich nicht wirklich welche. Das war mehr Bauchgefühl und erster Eindruck.

A: Siehst du das entspannt oder angespannt so eine Suche nach Mitbewohnern? Also ist das für dich was sehr sensibles, privates jemanden fremden dann plötzlich so nah an dich ranzulassen in dein Zuhause, oder siehst du das entspannt? Lässt dich so eine Suche kalt, oder war das eher so /

J: Es lässt mich kalt. Ist eigentlich auch egal was die Person macht. Ich hoff dann nur, dass / (...) Also eigentlich war es diesmal auch dann so, dass ich ganz schnell wieder jemanden wollte und nicht lang rumgesucht hab und dann recht schnell Katrin genommen hab. Also wir sind halt auch auf einer Wellenlänge, das ist schon gut so das war eine schnelle Entscheidung. Eine gute auch. Und als dann auch Katrin schon hier gewohnt hat eben, da haben wir dann noch gemeinsam die nächste rausgesucht und haben dann halt noch eine Auswahl getroffen. Und ja (...) im Nachhinein würd' ich vielleicht sagen eine andere Auswahl wär' besser gewesen.

A: Und warum?

J: Martina ist ja schon n netter Mensch, aber ich glaub einfach, dass es sicher noch mehr Leute gegeben hätte die besser in die WG gepasst hätten. Aber, ja (...) Wir haben halt damals einfach die erste Bewerberin genommen und uns gefreut, dass wir jemanden haben.

A: Was genau lässt dich das jetzt glauben? Mit Martina.

J: Einfach, weil eigentlich keinerlei gemeinsame Interessen bestehen. Außer halt vielleicht unser Interesse an Sport. Aber ja (...) das ist eigentlich das einzige gemeinsame Interesse.

A: Ok. Und du sagtest vorhin du hättest deine Mitbewohnerinnen über eine Wohnungsannonce gefunden. Wie genau lief das ab?

J: Wie?

A: Du hast gesagt du hättest das auf eine Wohnungsseite gestellt, diese Annonce. Wie genau wurde das gemacht?

J: Naja die erste Annonce hab' ich nicht selber auf die Wohnungsseite gestellt, sondern Basti als er ausgezogen ist, ich hab' dann erst die zweite gemacht für Martina. Einfach auf WG-Gesucht Bilder reingestellt und dann einen ähm Bericht geschrieben, also geschrieben was man sich so für Mitbewohner vorstellen könnte und dann Telefonnummer und Email-Adresse hinterlegt und dann kamen eben Anfragen rein. Ja und dann hat man sich die eben angesehen und dann eben Leute eingeladen zu sich.

A: Wie hast du es beschrieben was wolltest du dir vorstellen oder wen wolltest du dir vorstellen?

J: Also ich hab' mir jetzt erstmal / Ich hab' mir da gar nix gemacht. Also keine Vorstellungen erstmal. Das einzige was Basti und ich beide vermerkt hatten war ein Alter, also ich glaub' wir wollten Jemanden so ab 24 oder 25 Jahren oder sowas. Bin mir da gerade gar nicht mehr sicher. Aber wir wollten eben nicht mehr unbedingt einen Erst-Semestler (Umgangssprachlich für einen Studenten im ersten Semester) haben. Also jemanden der grade erst in den Bachelor kommt.

A: Warum?

J: Ja (schnauft) weil mir das dann einfach trotzdem zu jung ist. Also ich mein da war ich 27 und ne, also ich hatte da einfach keinen Bock mehr drauf ich will da dann mit jemanden zusammen wohnen der weiß was er will und (...) ähm, im ersten Semester kann es halt doch immer mal sein, dass jemand abbricht. Aber wenn jemand irgendwie im vierten oder fünften Bachelor Semester ist, oder sogar im Master ist dann ist die Wahrscheinlichkeit meiner Meinung nach eben doch höher, dass sie es ähm (...) ja halt durchziehen und dass man dann da als vermietender Vermieter eben nicht dauernd wieder jemand neuen suchen muss.

A: Verstehe. Und gibt's sonst irgendwelche „Anforderungen" die man erfüllen muss um Mitglied in deiner WG zu werden? (A. lächelt)

J: (J. Lacht). Haha, nein sonst nichts weiter eigentlich. Ich bin da echt nicht so oberflächlich oder hab keine festen Vorstellungen. Wer nett ist kommt rein. Und wenn ich nicht alleine drin wohne dann entscheiden wir halt zusammen wer reinkommt. Also egal wer sich jetzt drum kümmert um neue Bewerber, die müssen schon immer vorher mal eingeladen und angeschaut werden. (...) Ich will halt schon auch mal paar Fragen stellen und mir den (...) oder ja, halt die, dann anschauen die da dann einzieht. Aber sonst nix weiter. Nur halt, dass man sich die Person halt gemeinschaftlich vorher anschaut. Das ist so eine Anforderung. Und halt freundlich sein.

A: Ok. Es gibt also keine besonderen Anforderungen. Hauptsache die Person ist freundlich.

J: (J. hebt die Stimme) Naja, ne nicht ganz. Ne. Also was wir oder halt ich auch immer gemacht habe ist, dass ich den Bewerbern halt vorher schon erzähle, dass ich es mehr mag, wenn halt jeder so sein Ding macht in der WG und dass ich nicht ständig irgendwie krasse Spieleabende oder Kochabende brauche oder so. Und ich will halt jetzt einfach auch nicht, dass die Person da jede Woche die Bude voll Leute einlädt und eine fette Party schmeißt oder so. Also das brauch ich jetzt schon echt nicht. (...) Aber sonst. Ne sonst gibt's echt nix eigentlich. Ne.

A: (4) Verstehe. Das sprichst du dann beim Bewerbungsgespräch einfach mit an und versuchst das herauszufinden, ob die Person damit einverstanden ist, oder ob sie sich was Anderes vorstellt?

J: Ja genau. Das mein ich halt mit sympathisch. Oder halt mit „nett sein" – Man merkt ja dann beim Vorstellen schnell ob es passt einfach. Und redet halt schon n bisschen über gemeinsame Interessen, Hobbies und den Studiengang.

A: Also gibt's dann doch einige Präferenzen?

J: Ne. Ne echt nicht. Ich frag halt natürlich schon was die machen und wie sie so drauf sind halt. (...) Aber ich hab' wirklich keine festen Präferenzen. Also so ich sag jetzt mal n Mädel mit 25 die halt Lehramt macht kann zum Beispiel trotzdem netter sein als jetzt n Typ der so alt ist wie ich und auch BWL studiert so wie ich. Also da kann man sich einfach nicht festlegen. Man muss halt bei den Bewerbern echt einfach schauen wie so (4) Ja. Wie die Chemie stimmt eben.

A: Gut. Jetzt hab' ich dich verstanden. Also (...) nochmal aktuell. Damit ich das jetzt alles verstehe: Aktuelle wohnen in deiner Wohnung Martina und Katrin, hab' ich das richtig verstanden so?

J: Nein, nein. Also offizielle Mieter sind die schon so die beiden, aber Katrin ist eben zurzeit nicht da, weil /

A: (A. unterbricht J.) Achja, genau, ja.

J: Ja, genau. Weil Katrin eben ein Praktikum macht. In Amerika. Deshalb hat sie ja eben diese Zwischenmieterin drin, Alex.

A: Achja genau, Martina und Alex sind grade mit dir drin. Gut. Aber im Mietvertrag stehen grade Martina und Katrin. Und (...) vorher da gewohnt haben dann noch Basti und Evi. Jetzt versteh ich.

J: Jo, genau. So passt es. (J. lacht ein wenig) Bisschen kompliziert.

A: Naja, jetzt hab' ich es verstanden. Und du selbst (...) Du wohnst jetzt seit zwei Jahren, oder fast drei Jahren sowas in der Wohnung, oder?

J: Ja, genau.

A: Und wie stehst du zu der Anzahl Mitbewohner die du bisher hattest so?

J: Ist in Ordnung für mich. Vor allem fand ich es sogar ok, dass Basti weg ist. Der ja echt sogar n guter Bekannter vorher von mir war, mit dem ich mich ja echt gut verstanden hatte. Also da war ich echt froh dann drüber, dass ich nicht mehr mit ihm zusammenwohnen musste, weil (...) ähm, ja, weil er einfach ein sehr unordentlicher Mensch ist. Und mit Katrin jetzt muss ich sagen versteh ich mich echt voll gut. Also die ist definitiv n besserer Mitbewohner als jetzt Basti oder Evi waren. Auch echt angenehmer. Und mit Martina komm ich auch klar. Also bin ich sogar froh, dass Evi und Basti nicht mehr da sind und dafür Neue jetzt. Ja, grade weil Basti einfach ein sehr unordentlicher Mensch. Also ja ich würde echt sagen die Wechsel waren voll in Ordnung jetzt so. Einfach weil es auch eine positive Verbesserung jetzt war dadurch. Aber trotzdem würd' ich jetzt sagen: „ich brauch jetzt nicht nochmal einen Wechsel unbedingt". Ja.

2. Funktion der WG

2.1. Gründe und Motivation für das Leben in einer WG

A: Ok, gut. Als nächstes interessiert mich mal was genau denn die Gründe für dich sind in einer WG zu wohnen. Also warum genau lebst du in einer WG? Was ist so für dich der Hauptgrund?

J: Ja, der Hauptgrund für meine jetzige WG in der ich jetzt wohne ist für mich eigentlich, dass ich sehr zentral wohnen kann in einer guten Gegend in Bamberg, es ist eine schöne Wohnung und die Wohnung wär' aber erstens zu groß für mich allein theoretisch und zweitens könnt ich sie mir auch allein nicht leisten. Das sind eigentlich die Hauptgründe.

A: Hat das Zusammenleben noch weitere Vorteile?

J: Es ist einfach sehr angenehm, weil du hast n großes Wohnzimmer, n großes Zimmer und hast einfach genug Platz in deiner Wohnung dich quasi zu entfalten, ja. Ähm (...), ja. Ich würd' sagen das sind für mich die Hauptgründe.

A: Fallen dir noch weitere Vorteile am WG Leben ein?

J: Puh, ne. Also im Allgemeinen schon, aber in meinem Fall jetzt nicht. Allgemein würd' ich schon sagen ist es ja oft so, dass man dann irgendwo auch zusammenhilft. So nach dem Motto „Ich bin jetzt grad bei Lidl, soll ich dir was mitbringen", oder „Ich räum jetzt mal die Spülmaschine aus, wenn außer mir niemand Zuhause ist", aber das ist jetzt bei uns eher weniger der Fall. Also bei uns leben wir eher so zusammen, dass jeder sein eigenes Ding macht und dass es eher so ist, dass klar mal jemand was fürs Bad einkauft oder so, aber ich würde jetzt nicht sagen, dass ich jetzt durch die WG an sich oder durch die Mitbewohner in einer WG irgendwelche Vorteile genieße. Na gut, außer halt vielleicht die Miet-Teilung.

A: Und was meinst du was sind die Gründe für die Anderen? Warum leben die so?

J: Ähm (6) Ich glaub erstens einfach so aus praktischen Preisgründen und ich glaub Teilweise war vielleicht sogar die Grundidee durch eine WG neue Leute kennen zu lernen. Weil beide Mädels machen ja jetzt grade ihren Master und haben ihren Bachelor halt beide nicht in Bamberg gemacht und kommen auch nicht von hier also denk' ich schon mal, dass die dann dadurch auch einfach bisschen Leute kennenlernen wollten hier.

A: Meinst du damit dann sie haben andere Gründe als du?

J: Ich glaub der Hauptgrund ist der gleiche. Und zwar, dass sie sich halt alleine solche Wohnung leisten könnten, die den gleichen Standard hätte wie die Wohnung in der wir eben jetzt leben. Weils einfach dann zu teuer würde. Beziehungsweise sie nicht so viel Geld ausgeben wollen würden, Aber ich denke bei Katrin war schon bestimmt der Wunsch da durch die WG auch Leute kennen zu lernen. Weil die kannte nämlich auch ein paar Leute hier vom Bachelor in Würzburg noch und ist bewusst nicht mit denen zusammengezogen, sondern wollte mit jemand fremden zusammenziehen. Und bei Martina kann ich mir da auch so vorstellen.

Also kann man sagen: Der Hauptgrund ist der gleiche. Aber dann haben sie eben beide noch zusätzliche Gründe, die ich nicht mit ihnen teile.

A: Und bist du zufrieden damit wie es ist? Also erfüllt die WG jetzt für dich die Funktion die du dir von ihr gewünscht hättest?

J: Ich würde ja sagen.

A: Meinst du es ist bei deinen Mitbewohnern auch so?

J: Ich denke ja.

2.2. Wohnung und Wohnraum

A: Ok. Nochmal zurück zu eurer Wohnung. Wie groß genau ist die Wohnung jetzt nochmal?

J: Ja. Wir haben drei Zimmer, ein Wohnzimmer, eine Küche, eine Speisekammer, ein Bad mit Badewanne und Dusche und einen Flur. (...) Achja! Und einen Keller! Genau.

A: Und habt ihr besondere Ausstattung in der Wohnung?

J: Würd' ich jetzt nicht sagen. Ich weiß jetzt nicht ob man einen Aufzug als besondere Ausstattung bezeichnen kann.

A: Ach doch. Ich würde das jetzt so im Rahmen des Gesprächs hier und der Frage hier schon so sehen. Doch, ja.

J: Ja, gut, dann haben wir das schon. Haben auch eine Spül- ähm (stottert) Spülmaschine. (...) fürs Geschirr und eine Waschmaschine halt für Wäsche. Aber das nehm' ich ehrlichgesagt persönlich schon als Standard wahr. Also nichts Besonderes.

A: Und ganz allgemein: Gefällt dir die Wohnung?

J: Ist eine schöne Wohnung! Wenn sie mir jetzt aber halt gehören würde, würd' ich schon n paar Sachen verändern. Beispielsweise den Boden (zeigt auf den Fußboden), aber /

A: Moment. Mit „gehören würde" meinst du damit jetzt, wenn du alleiniger Mieter wärst oder meinst du jetzt so ganz ohne Mieten, wenn du der Besitzer wärst? Also so dein Eigentum /

J: Ähm. Doch! Also Wenn ich jetzt alleine hier drin wohnen würde, oder halt mit Leuten, wie meiner Freundin oder so und wenn man dann auch eine gewisse Unterstützung vom Vermieter hätte, dann würd' ich da schon was ändern an der Einrichtung oder sogar eben am Boden. Aber so jetzt in der Situation hier steckt keiner von uns großen Input rein oder halt Arbeit und Geld und ja deshalb würd' ich jetzt so an der Wohnung wie sie grade ist nichts verändern.

A: Ja, gut dann würd' ich jetzt an der Stelle einfach gern mal ein paar Zwischenfragen zu deiner Freundin stellen, wenn es ok für dich ist?

J: Ja, klar.

private Lebenssituation: Partnerschaft & Beziehung

A: Wohnt deine Freundin denn auch in einer WG, oder wie läuft das?

J: Ne, ne. Macht die nicht. Wir sind jetzt seit über drei Jahren schon zusammen. Aber zusammen wohnen eine erstmal nicht. Also weil meine Freundin wohnt halt noch bei ihren Eltern hier in Bamberg. Ja (...) Und bisher hat das Zusammenziehen einfach noch nicht so richtig gepasst. Wir haben sogar echt beide schon überlegt, aber sie macht jetzt halt nächstes Semester ihre Bachelor und dann geht die sicher auch aus Bamberg weg und daher hätte sich dann so n extra Umzug eigentlich nicht mehr richtig gelohnt. Also zu dem Zeitpunkt als wir da erstmals drüber geredet haben da war es, also da wär' es eh nur noch knapp für ein Jahr dann gewesen bis sie wegzieht voraussichtlich. Ja daher wär' es einfach zu viel Aufwand aus unserer Sicht. Also zusammenfassend jetzt so kann man sagen es war halt definitiv eine Überlegung aber dann halt auch eine bewusste Entscheidung dagegen. Also dagegen, dass wir jetzt für ein paar Monate hier noch zusammenziehen.

A: Ok. Da hast du meine Fragen schon gut beantwortet. Dann würd' ich mal weitermachen mit eurer Wohnung. Wie groß ist denn eigentlich dein eigenes Zimmer?

J: Ich würd' sagen mein Zimmer hat ungefähr 15 bis 16 Quadratmeter.

A: Bist du mit der Größe zufrieden?

J: Ich würd' sagen das ist in Ordnung. Es wär' mir zu klein wenn wir kein Wohnzimmer hätten.

A: Ah. Ihr habt also noch einen gemeinsamen Aufenthaltsraum?

J: Ja.

A: Wird der auch so genutzt? Also „gemeinsam"?

J: Ich würd' nicht sagen, dass der gemeinsam genutzt wird. (...) Also, jeder nutzt ihn, aber nicht gemeinsam. Also man schaut jetzt keine Filme gemeinsam oder so, man sitzt halt da vielleicht mal zusammen und isst zusammen. Aber das war es dann auch. Also häufig ist es aber so, dass sich da eher eine einzelne Person allein für sich aufhält.

A: Ok. Das heißt also mehr separat voneinander. Und was gibt's da alles bei euch im Gemeinschaftsraum?

J: Also da gibt's einen, ähm einen großen Esstisch, Stühle, n Sofa (...) N Fernseher steht drinne (sic). Ja. (....) Noch so eine Spielekiste halt. (...) Solche Geschichten. Ja.

A: Mh, mh, verstehe. Und wo in der Wohnung hältst du dich selbst am meisten auf in der Regel?
J: Ich würde sagen trotzdem im Zimmer am meisten. Also in meinem Zimmer. Allein durchs Schlafen ja schon.

A: Ok. Und davon abgesehen TAGSÜBER auch?

J: Ja. Da auch. Ja

A: Und die anderen auch?

J: Ja. Eigentlich jeder so in seinem Zimmer meistens.

A: Also hab' ich das richtig verstanden, dass es trotzdem für jeden so ist (...), dass jeder von euch schon so die meiste Zeit dann einfach im eigenen Zimmer ver- (...) verbringt, oder?

J: Ich würd' ja sagen.

A: Ok. Und hältst du dich denn generell viel Zuhause auf, oder weniger viel?

J: Ne. Relativ wenig.

A: Warum?

J: Weil ich tagsüber eigentlich immer unterwegs bin. Sei's Uni oder Arbeit oder ähnliches. Was mit Freunden (...) oder ja Sport eben. Und ja (...) da bin ich einfach tagsüber kaum daheim und in der Regel immer erst abends.

A: Und die anderen?

J: (J. schnauft laut durch und überlegt kurz) Ja, der, ähm die Alex arbeitet ja immer wegen ihrem Praktikum eigentlich den ganzen Tag. Und dann kommt sie halt abends heim und bleibt dann aber auch immer daheim. Und ja (...) bei Martina ist es glaub ich auch so, dass sie einfach relativ viel unterwegs ist. (J. gähnt kurz) Aber (...) Auch eher weniger daheim ist.

A: Wie denkst du über die Situation? Gut, oder wünschst du dir das eher anders?

J: Nö. (atmet tief durch)

A: (...) Also bist du schon zufrieden damit wie es ist?

J: Jo. Ja. Genau.

2.3. Funktionen des Zusammenlebens

A: Ok. Ähm (...) Du hattest mir vorhin mal erzählt, dass du vom Zusammenleben mit den anderen auch auf eine gewisse Art profitieren würdest. Kommt es denn durch euer Zusammenleben auch manchmal zu Nacheilen für dich?

J: Ne. Also ich würd' jetzt nicht sagen, dass ich durchs Zusammenleben irgendwie profitiere eigentlich. Außer vom Teilen der Miete halt. Und Nachteile gibt's jetzt in der Situation eigentlich auch nicht für uns, weil eigentlich jeder so sein Ding macht für sich. Ohne Probleme.

A: OH! Ok. Dann muss ich dich da falsch verstanden haben. Ähm dann müsst' ich nochmal kurz genauer hier einhaken bei der Frage. Ich hatte das vorhin so verstanden, dass du schon der Meinung warst du könntest von eurer, also von eurem Zusammenleben profitieren auf einer gewissen (...) Ebene.

J: Ja. Ähm doch klar. Ne kann schon sein, dass ich das so gesagt hab. Es ist auch klar natürlich so, dass man. / Also es gibt schon so Punkte wo man davon profitiert. Aber halt jetzt keine großen krassen Punkte. Zum Beispiel halt, dass man sich mal gegenseitig was mitbringt vom Einkaufen. Seife, oder Brot oder so. Muss man dann natürlich nicht selbst machen. Das ist schon gut. Aber das kommt halt nicht SO oft vor, deshalb würd' ich jetzt trotzdem sagen: allgemein profitiert man dann doch eher weniger davon. Also kein Profit außer dem Geld durchs zusammenleben. Wir sind halt schon recht iso- (...) ja, recht isoliert eigentlich voneinander.

A: Und. Abgesehen dann von diesem Profit: Kommt es denn auch irgendwie manchmal zu Nachteilen für dich durchs Zusammenleben?

J: Also (J. atmet tief durch) In der (J. hebt die Stimme und betont folgende zwei Worte deutlich) „jetzigen Konstellation" – Nein. In der jetzigen Konstellation kommt es nicht zu Nachteilen.

A: Ok. Bleiben wir erstmal noch kurz bei der jetzigen Konstellation. Gibt's denn da irgendwelche Gegenstände die ihr teilt in eurer WG?

J: Ähm... Nur Hygienemittel (4) Also Seifen, Waschmittel, Toilettenpapier. Solche Sachen. Das ist aber eigentlich auch / Und Gewürze! Das ist aber eigentlich auch das einzige was im Endeffekt geteilt wird bei uns.

A: Und wie schaut es mit Möbeln aus? Mit eurer Einrichtung?

J: Ja gut. Also der GROßTEIL der WG ist mit meinen Möbeln eingerichtet und die stell ich ja dann quasi den anderen zur Verfügung. Ja. Also das schon auch. Möbel.

A: Kostenfrei? Oder gegen Bezahlung für Mitbenutzung?

J: Ähm (J. schnauft tief durch) ist jetzt kein direkter Posten in der Miete. Weil - ich bin Hauptmieter und die Anderen zahlen alle an mich – Also ist jetzt kein direkter Posten, aber sie zahlen eben mehr Miete als ich. Einfach weil ich mir schon gedacht hab, dass ich ja schon die ganzen Sachen zur Verfügung stelle und die Organisation halt schon auch übernehme meistens so. Also ich kann ja jetzt nicht sagen „Du zahlst fürs Sofa jeden Monat Fünf Euro und für den Tisch dann Vier." (J. lacht) Weil dann will ja keiner mehr entspannt drauf sitzen (J. lacht noch einmal kurz und lächelt). Aber ich mach es dann eben schon ein bisschen über die Miete.

A: Ok. Was zum Beispiel teilst du da dann mit ihnen? Also was wird geteilt was dir gehört?

J: Sofa, Stühle, Esstisch, Fernseher. Ähm (...) Die Küche ist von mir. Obwohl da auch schon teils gemeinschaftliche Anschaffungen getätigt wurden.

A: Ok. Was genau habt ihr dann so zusammen gekauft für eure Wohnung? Du und deine jetzigen Mitbewohner (...) –innen.

J: Ähm. Das war die Waschmaschine. (....) Kühlschrank wurde schon mit den vorherigen anderen beiden gekauft. Und (4) Teppich, der Staubsauger. Das war es glaub ich grob.

A: Aha. Und habt ihr Vereinbarungen getroffen als ihr euch das gemeinsam gekauft habt. Also wie damit verfahren werden soll?

J: Wie? Versteh ich nicht ganz. Wie wir mit was verfahren?

A: Also wenn ihr nicht mehr zusammen in einer Wohnung leben solltet. Weil einer auszieht. Wie geht ihr dann mit den GEMEINSAMEN Anschaffungen um?

J: Ah. Ok! Ähm ja ne wir haben da nicht richtige Regeln für festgelegt. Also da aber der Großteil ja mir gehört in der Wohnung wird's wahrscheinlich dann einfach so laufen, dass ich das halt mitnehme, das Zeug, wenn ich ausziehen sollte. Sonst bleibt es drin und ich mach es halt über die Miete eben. Und (...) Mit der Küche. Da würd' ich halt eine gewisse Ablöse verlangen.

A: Ok, in Ordnung. Und habt ihr das in der Vergangenheit auch so gehandhabt bisher? Also mit deinen anderen Mitbewohnern? Wie habt ihr das bisher so gemacht mit den gemeinschaftlichen Einkäufen?

J: Ja da haben wir's einfach so gemacht, dass wir beim Bewerbungsgespräch halt schon zu der Person die einzieht gesagt haben „Da gibt's was von deinem Vormieter. Der will das gern hierlassen und da müsstest du ihm halt bitte eine Ablöse für zahlen." Und das hat dann auch immer so geklappt einfach. Weil (...) ja schau her: die brauchen das ja dann eh meistens selber wenn sie einziehen.

A: Aha. Ok. Hast du da vielleicht ein Beispiel für mich? Damit ich besser verstehe wie ihr das so löst?

J: Ähm (überlegt kurz) Zum Beispiel hab' ich mit Basti und Evi den Staubsauger gekauft. Und der blieb dann halt drinnen in der Wohnung und die neue Mieterin nach Basti hat halt Basti dann einen Teil vom, ähm ja, vom Kaufpreis gegeben eben. Dann hat die neue halt einen Staubsauger gehabt als sie eingezogen ist und der Basti hat halt einen gewissen Betrag X bekommen für die Kauf, ähm (J. schüttelt energisch den Kopf) für die ANSCHAFFUNG. Ja und (...) so läuft es halt dann.

A: Ah ok. Verstehe. Und ähm noch was: Du hattest erzählt, dass du die meisten Möbel beim Einzug eigentlich schon mitgebracht hattest

J: (J. unterbricht A.) Ja.

A: Ähm und dann sagtest du habt ihr noch einige Gegenstände gemeinschaftlich gekauft. Nicht nur Gebrauchsgegenstände, sondern ja auch Einrichtung, oder?

J: Ja genau so war es.

A: Habt ihr da dann gemeinschaftlich entschieden was reinkommt in die Wohnung? Also was für Möbel? Oder hat das dann einfach jemand gekauft und mitgebracht? Oder wird das alles abgesprochen?

J: Also ja, ein paar Kleinigkeiten kamen noch hinzu. Teppiche, Bilder, Pflanzen. Und (...) teilweise fand ich wurde das halt nicht so richtig cool abgesprochen anfangs. Aber das hab' ich dann halt angesprochen und ja hab halt gesagt, dass mich das stört und seitdem wird's jetzt abgesprochen, wenn einer was kaufen will für die Wohnung. Also seitdem werden halt nicht mehr einfach Sachen in die Wohnung gebracht. Aber anfangs wars schon mal so.

A: Ok.

J: Also zumindest nicht mehr einfach in die Gemeinschaftsräume. Jetzt im eigenen Zimmer kann ja klar jeder machen was er will mit den Möbeln und Bildern die er kauft.

A: Und um jetzt nochmal genau auf eure Wohnung und eure Wohn- und Mietsituation einzugehen würd' ich gerne wissen was denn für Kosten denn überhaupt monatlich anfallen?

J: Ähm (schnauft durch) Ich würd' sagen ungefähr (...)

A: (A. unterbricht ▨▨▨ Also ich mein nicht mal unbedingt den Geldbetrag, sondern einfach WAS für Kosten denn überhaupt anfallen.

J: Achso. Strom, Wasser, die Warmmiete. Und (...) Internet.

A: Achja. Und Für den Fernseher zahlt ihr nix?

J: Ne. Das ist schon im Mietvertrag enthalten. Weiß auch gar nicht was das jetzt genau kostet.

A: Ok. Und wie regelt ihr die Bezahlung von Miete, Strom und so weiter?

J: Ja GEZ wird noch gezahlt. Das wird halt gemeinschaftlich geteilt.

A: Achja. Gut. Das wollte ich noch wissen.

J: Und mit der Regelung (...) Also ich übernehme, beziehungsweise ZAHLE alle Kosten erstmal an den Vermieter und an mich wird dann ein gewisser Fixbetrag von den beiden Mitbewohnerinnen überwiesen.

A: Du überweist also monatlich die kompletten Kosten an den Vermieter und deine /

J: (J. unterbricht A.) An den Vermieter und halt an den Stromanbieter.

A: Ahja, gut. Und deine beiden Mitbewohner überweisen dann jeweils was an dich weiter?

J: Ja genau.

A: Und warum genau regelt ihr das jetzt so? Und nicht so, dass jeder einen Teil direkt an den Vermieter überweist und nicht erst an dich?

J: Ja, weil vorher war es auch schon so war, dass ich schon immer die Miete überwiesen hab und Basti sich halt ums Internet gekümmert hatte und um den Strom. Und als Basti ausgezogen ist hab' ich das dann erstmal übernommen natürlich, weil ich ja kurz auch alleine war und daher hab' ich es eben jetzt einfach so beibehalten. Muss man dann halt nicht er wieder neu regeln. Dann mach ich das eben einfach jetzt erstmal alles und kümmer' mich drum. Und die anderen zahlen halt eben dann ihre Kosten an mich.

3. Mitgliedschaft

3.1. Persönliche Meinung über das Zusammenleben

A: Ok. Jetzt hab' ich es verstanden. Danke dir. So (...) Jetzt würd' ich gerne nochmal drüber sprechen wie du denn genau zum Zusammenleben mit zwei Menschen stehst. Also wie gefällt dir das Zusammenleben mit zwei weiteren Menschen denn eigentlich überhaupt so?

J: Mh (...) es ist in Ordnung. Es sind ja auch keine Freunde von mir. Daher nicht der Hammer. Aber ich denk mit richtigen Freunden wär' das bestimmt (...) Also da hätte ich bestimmt andere Erfahrungen hier. Wär' bestimmt schon deutlich schöner, aber so jetzt gibt's auch eigentlich nix zu schimpfen. Ist halt einfach eine sehr neutrale Situation jetzt. Da kann ich jetzt nichts dagegen sagen eigentlich. Passt schon so.

A: Und (...) fiel es dir anfangs eher schwer oder leicht so ein Verhältnis zu zwei anfangs fremden Menschen als Mitbewohner aufzubauen?

J: Ähm (...) Hab ich jetzt eigentlich kein Problem mit. Ich hab' nur einfach gemerkt, dass ich mich mit Katrin zum Beispiel echt voll gut verstehe. Weißt, da gibt's gemeinsame Interessen. Mit ihr tausch ich mich aus und mit Martina gibt's einfach kaum gemeinsame Interessen, daher haben wir jetzt halt auch ehrlichgesagt kaum groß Unterhaltungen miteinander, weil da sind einfach zu große Unterschiede da. Und da Alex ja eh nur kurz da ist und eh auch ein völlig anderer Mensch ist als ich und hier auch echt nur zwischendurch eben als Zweck-Wohnung drin wohnt gibt's zwischen Alex und mir echt auch keinerlei Austausch eigentlich. Da wird sich halt mal zwischendurch bisschen zwischen Tür und Angel unterhalten, aber das war es.

A: Und wie würdest du die Atmosphäre bei euch in der Wohnung denn jetzt so beschreiben? Ist die eher positiv oder eher negativ?

J: Puh (J. schnauft kurz durch) Eher positiv. Ich würd' sagen neutral bis positiv.

A: Ok. Ähm (...) und in einigen WGs ist es ja auch so, dass Gemeinschaft eine große Rolle spielt /

J: (J. unterbricht A.) Ja, bei uns aber nicht.

A: Ja, das hatte ich jetzt auch so verstanden. Gut. Ihr unternehmt also auch keine gemeinsamen Aktivitäten wie Spielabende oder so?

J: Nein.

A: Würdet du sagen, dass zwischen dir und den anderen WG-Mitgliedern eine Art Gemeinschaftsgefühl herrscht?

J: Ja. Ich denke schon, dass wir uns als eine Art kleine Gruppe fühlen. Wir teilen ja schon immerhin unsere Wohnung halt. Das ist schon trotzdem nicht zu unterschätzen. Man sieht sich ja trotzdem dann regelmäßig früh im Schlafanzug oder kauft halt zusammen Klopapier und Spülmittel. Da ist schon auch so eine Art gemeinsame Organisation halt zwischen uns gefragt. Ja. Da würd' ich schon sagen, dass es da ein Gemeinschaftsgefühl gibt.

A: Und das obwohl ihr eure Freizeit trotzdem kaum miteinander verbringt und eigentlich so jeder sein eigenes Ding mach?

J: Ja, schon. Auch wenn wir da jetzt keine dicken Freunde werden oder krass viel Hobbies teilen oder so, teilt man halt trotzdem was. Ist schon eine große gemeinsame Sache dann, so eine Wohnung.

3.2. Gemeinsame Organisation des Zusammenlebens

A: Ok. Wie organisiert ihr denn eurer Zusammenleben allgemein eigentlich? Also gibt es bestimmte Regeln an die sich alle Bewohner halten müssen oder so?

J: Es gibt einen Putzplan. Und (...) Es gibt eben die Regel, dass wenn Sachen für die Gemeinschaftsräume angeschafft werden, dass das vorher abgesprochen wird und nicht einfach irgendwelche neuen Sachen reingestellt werden.

A: Habt ihr auch Regeln was gewisse Uhrzeiten angeht? Zum Beispiel wann wer das Bad besetzen darf oder sowas?

J: Nein.

A: Ok. Und gibt's Regeln für Gäste? Also: Darf jeder von euch Gäste einladen wann und wieviel er möchte? Gibt's dafür Regeln?

J: Ja. Darf prinzipiell jeder. Da gibt's keine Regeln. Das kann eigentlich jeder selbst entscheiden wie er das löst. Natürlich wär' es jetzt doof, wenn jemand regelmäßig wilde Partys veranstaltet. Aber das wurde auch von Anfang an klargestellt, dass wir das hier nicht wollen. Eben beim Bewerbungsgespräch wurde das schon angesprochen. Und in unserm Haus wär' das auch gar nicht möglich.

A: Warum wär' das nicht möglich?

J: Weils ein Mehr-Parteien-Haus ist und sich da auch die anderen Nachbarn im Haus schnell davon gestört fühlen würden, weil unser Haus eher hellhörig ist und allein auf unserer Etage gibt's halt vier Wohnungen. Also ja, (...) das wär' halt hier einfach nicht drin auf Dauer.

A: Ok, verstehe.

J: Aber, wenn jetzt mal jemand Geburtstag feiern will und irgendwie zehn, fünfzehn Leute einlädt dann ist das eigentlich kein Problem.

A: Es herrscht also bei dir in der WG Konsens was eure allgemeinen Interessen betrifft mit Gästen oder Feiern?

J: Ja, genau.

A: Das ist doch gut. Und habt ihr öfter mal Gäste?

J: Öfter würd' ich jetzt nicht sagen. (...) Schon mal ab und zu, aber jetzt nicht regelmäßig.

A: Und wie ist das so in eurer Gemeinschaft. Du bist ja der Hauptmieter in eurer Wohnung. Hast du da gewisse Privilegien, wenn es um Entscheidungen geht. Oder siehst du das eventuell auch sogar manchmal als deine Aufgabe, dass du als Hauptmieter den Ton angibst oder ähnliches?

J: Mh. Ja ne, also ich würde jetzt nicht sagen, dass ich da Privilegien hab. Ich kümmer' mich halt um alles und daher verlang ich auch einen gewissen Betrag mehr. Aber sonst sind wir da eben schon gleichgestellt alle in der Wohnung, wenn es um Entscheidungen geht. Joa. So ist es.

A: Wie meinst du das? Du verlangst EINEN GEWISSEN BETRAG MEHR?

J: Ja, sie zahlen beide mehr Miete als ich jetzt für mein Zimmer zahle. Weil von mir eben ja die Möbel drinstehen, weil sie ja mein Eigentum abnutzen und es auch mit nutzen und da verlang ich eben mehr Geld.

A: Ok. Versteh ich. Jetzt aber nochmal kurz zu dem Putzplan, den du da gerade angesprochen hast. Wie genau regelt ihr da die Reinigung der Wohnung?

J: Ähm. Einmal die Woche. Also zwischen Donnerstag und Sonntag soll eben die Küche. Also einer putzt die Küche, einer das Wohnzimmer und den Flur und einer soll eben das Bad putzen. Und ja das wird dann eben abwechselnd gemacht und einmal die Woche. Und ja. (...) Jeder ist halt mal mit was Anderem dran.

A: Und dieser Plan wo ist der? Wo kann man den einsehen?

J: der hängt in der Küche am Kühlschrank.

A: Ahja, in Ordnung. Und wie kommuniziert ihr denn eigentlich allgemein so miteinander? Also sprecht ihr euch eher von Angesicht zu Angesicht miteinander ab oder besprecht ihr WG-Themen eher schriftlich?

J: Sowohl als auch.

A: Ok. Wie seid ihr da verbunden miteinander?

J: Wir haben eine WhatsApp-Gruppe und (...) Ja. So machen wir das.

A: Ok. Und eure ganzen Regeln die ihr habt: den Putzplan, oder auch die Gäste-Regel, die ja eher sowas unausgesprochenes is, oder die Regel, dass niemand einfach UN-abgesprochen Möbel mitbringt – Habt ihr diese Regeln auch irgendwo festgehalten?

J: Nein. Ne. Die sind jetzt nirgendswo (sic!) schriftlich fixiert.

A: Ok. Ähm und gibt's irgendwas das ihr schriftlich fixiert habt sonst?

J: Ne. Außer dem Putzplan jetzt eigentlich nichts.

A: Ok. Dann macht ihr das eher mündlich. Und wie ist das denn derzeit: scheinen dir die Aufgaben in der Wohnung fair verteilt?

J: Ja. (...) ja. Wie gesagt, diese Hauptmieter-Sache ist eben so ein Ding: Irgendjemand muss es halt machen. Das ist jetzt einfach meine Aufgabe. Aber ist auch ok so. Ist in Ordnung. Ansonsten macht jeder sein zeug.

A: Achja gut. Und kam es irgendwann schon mal vor, dass irgendjemand die Verhaltensregeln, oder Wünsche der anderen verletzt hat?

J: Ähm. Ihr würde sagen (J. überlegt kurz) Ich würde sagen für mich wurde schon mal sowas verletzt. Ja. Das wurde aber vorher auch nicht klar kommuniziert. Und zwar ging es da um mein Interesse, dass wir vorher drüber sprechen, wenn einer irgendwie Bilder oder Möbel mit in die Wohnung bringen will. Ja, das wurde für mich mal verletzt. Da wurde der Kühlschrank vollgeklebt mit so (J. macht mit den Händen Anführungszeichen während er das folgende Wort langsam ausspricht) „lustigen" Postkarten mit Sprüchen drauf. Das fand ich einfach völlig unlustig und ja (...) dämlich. (...) Nicht mein Geschmack. Echt nicht, nein. Und Bilder wurden auch solche mitgebracht einfach.

A: Ah ok, es wurden also einfach Dinge mitgebracht und Bilder aufgehängt in der Wohnung die dir nicht gefielen und das wurde vorher nicht gemeinschaftlich abgesprochen, oder wie?

J: Ja genau.

A: War das noch bevor ihr die Regel dagegen hattet?

J: Ähm (atmet schwer) Ja, mehr oder weniger. Also ich hatte das Thema angesprochen, aber nicht klar angesprochen. Nicht konsequent genug. Und nachdem dann solche Dinge vorgefallen sind hab' ich das angesprochen, dass ich das nicht mehr möchte.

A: Ok. Und mit welchen Mitbewohnern war das, dass ihr diese Regel dann festgelegt habt?

J: Mit den jetzigen. Also halt mit Martina und Katrin. Katrin die Karten und Martina die Bilder.

A: Ahja, verstehe. Und ist es seitdem nochmal vorgefallen? Also seitdem du die Regeln dafür dann so richtig konsequent kommuniziert hast oder das eben angesprochen hattest?

J: Nein.

A: Ok, fein. Wie verhaltet ihr euch denn allgemein bei Problemen? Da in der Situation kam es dann ja zum Beispiel zu so einer kleinen (A. sucht nach Worten und J. unterbricht)

J: Diskussion. Kann man sagen.

A: Ja, genau. Diskussion. Wie seid ihr da dann vorgegangen um dieses Problem zu lösen? Also wie hat sich die Diskussion abgespielt und wie kam es dazu?

J: Ganz einfach: Wir haben uns halt an einen Tisch gesetzt zusammen und haben uns dann drüber unterhalten.

A: Ihr habt das dann also von Angesicht zu Angesicht besprochen? Nicht in eurer WhatsApp-Gruppe.

J: Ja, ne genau. Ist viel besser das so zu machen, find ich!

A: Wer hat das dann bestimmt das ihr das so macht?

J: Gemeinsam. Ich hab' einfach in WhatsApp geschrieben, dass ich gerne mal mit ihnen über eine Sache sprechen würde und gefragt wann jeder Zeit hat für ein gemeinsames Gespräch und dann haben wir einen Tag und halt eine Zeit dann auch ausgemacht direkt und dann ja (...) Waren dann halt alle dann da eben da und dann ging es los.

A: Ok, gut. Dann habt ihr das damals geklärt. Und gab es sonst noch irgendwelche Schwierigkeiten bisher bei eurem Zusammenleben? Fällt dir da noch was ein spontan?

J: Ja, mit meinem vorherigen Mitbewohner halt, was ich vorhin schon angesprochen hab. Da gab es halt einfach ein paar Probleme aufgrund von Sauberkeit und weil er halt sein Zeug nie weggeräumt hat und so. Ja. Eben wegen solchen Dingen. Da gab es halt auch häufiger mal Diskussionen.

A: Wie seid ihr damit dann umgegangen?

J: Ich war irgendwann extrem genervt und hab das dann eben auch da schon so von Angesicht zu Angesicht mit ihm besprochen, aber hab halt damals dann irgendwie nicht so richtig eine Besserung erkannt und ja, deshalb hat es mich auch echt genervt dann (J. holt tief Luft, zieht die Augenbrauen hoch und wirkt sichtlich angespannt bei der Erinnerung.) Ich hab' das dann auch angesprochen eben. Aber ja, da kam es leider zu keiner Besserung. Also ja. Uncooles Thema. Aber das ist ja zum Glück Geschichte mit Basti. Wir hatten am Ende einfach beide nicht mehr so richtig Lust uns eine Wohnung zu teilen. Das hat man dann schon gemerkt (...) ja (...) Aber, weiter. Was willst du denn noch wissen? (lächelt)

A: Ja gut, dann machen wir doch mal weiter mit einer allgemeineren Frage: Angenommen du hast echt ein großes Problem mit einem Mitbewohner. Was meinst du könntest du denn als Hauptmieter unternehmen, wenn du dich da mit jemandem gar nicht verstehst. Was könntest du unternehmen, wenn du jemanden gerne aus deiner Wohnung raushaben würdest?

J: Ich denk' mal es besteht in solchen Fällen dann halt die Möglichkeit einer Kündigung. Da gibt's eine dreimonatige Kündigungsfrist. Gehe ich jetzt mal davon aus. Also ich hätte halt dann die Möglichkeit damit zu drohen oder das eben auch durchzuziehen.

A: Hast du dich schon mal richtig damit beschäftigt was du da für Rechte hättest als Hauptmieter oder bisher noch nicht?

J: Ähm (J. schnauft) nicht wirklich. Ich weiß nur, dass es bei so einer kurzen Zeit wie jetzt meine Mitbewohnerinnen drin wohnen da hätte ich schon das Recht sie rauszuwerfen, weil die einfach bei so einer kurzen Wohn-Zeit in meiner Wohnung dann einfach nicht so wirklich Ansprüche hätten.

3.3. Organisation von Ein- und Auszügen

A: Ahja, ok. So, jetzt sind wir ja gerade schon beim Thema ausziehen. Ich würde gern nochmal mit dir über das Thema Ein- und Ausziehen in die WG ganz allgemein sprechen wollen. Ähm ja und wie lief das denn genau als deine letzten Mitbewohner ausgezogen sind?

J: Ähm ja. Die haben ihre Sachen gepackt und sind gegangen. Als Evi ausgezogen ist war ich gar nicht in Deutschland. Da war ich Urlaub machen mit meiner Freundin halt. Und als der andere ausgezogen ist, da hab' ich jetzt nicht irgendwie partizipiert.

A: Du hattest also nicht viel damit zu tun. Hat dir das Ganze dann irgendwie Arbeit bereitet oder eher weniger?

J: Ne eigentlich gar nicht. Eher weniger. Hatte nicht viel Arbeit jetzt damit, ne. (J. schüttelt den Kopf.) Das einzige um was ich mich eben kümmern musste war diese Nachmieter-Sache. Ich musste ja natürlich dann mit entscheiden wer da dann jetzt kommt und ja (...) das hat mich schon genervt damals ehrlichgesagt. Weil ich da grade lernen musste für Prüfungen und mir das grade gar nicht in mein Leben gepasst hat und da kamen auch echt viele Leute die halt echt nix waren für uns. Das war schon nervig. Aber ansonsten ist jetzt durch Bastis Auszug nicht viel Arbeit für mich angefallen.

A: Und ganz organisatorisch und rechtlich betrachtet: wie lang dauert es dann so bis man ausziehen kann, wenn man das gerne möchte? So war es ja bei Basti, oder? Der wollte ausziehen, hab' ich das richtig verstanden?

J: Ja, genau der wollte. Der hat das dann geplant und ist nach circa vier Wochen schon gegangen. Vertraglich ist das jetzt halt so bei uns, dass es eine dreimonatige Kündigungsfrist gibt und ja, man sollte halt auch versuchen, wenn man auszieht, dass die Wohnung dann wieder so ist wie zum Zeitpunkt des Einzugs.

A: Ok. Also du meinst: Das Zimmer sollte wieder so wie beim Einzug /

J: (J. unterbricht A.) vorgefunden werden! Ja genauso soll es sein!

A: Ok, gut. Und war das bisher immer so der Fall bei dir in der WG?

J: (J. atmet lang und tief durch.) Puh (...) Jein! Ähm, ich würd' mal sagen: Basti hat es relativ vernünftig verlassen. Die Evi aber nicht so. Die hat sau viele Löcher in die Wand gebohrt und hat da dann am Ende auch einfach nix zugekittet. Aber da war ich ja leider nicht da damals beim Auszug. Da konnt' ich halt nix machen. Naja (...) So ist es halt.

A: Oh, ok. (...) Trotzdem hätte ich nochmal eine recht allgemeine Frage an dich. Könntest du dir denn vorstellen noch lange in einer WG zu wohnen?

J: Ähm, das kommt auf die Grundsituation an und die Lebensumstände und die Person an, aber ansonsten Nein.

A: Ok Wie meinst du das genau?

J: Das ist jetzt einfach in Ordnung solang ich noch studier' und keinen Job hab oder Geld verdien', aber danach dann stell ich mir das dann schon anders vor. Also wenn ich arbeite will ich eigentlich schon alleine leben. Oder eben mit meiner Freundin. (J. lächelt)

A: Ok, und in dieser WG jetzt speziell? Wie meinst du geht's da mit dir weiter?

J: In dieser WG denk' ich mal werd' ich eben noch so wie jetzt drinbleiben solange bis ich fertig bin mit meinem Master. Danach möchte' ich da aber nicht mehr leben eigentlich.

A: Ok, du scheinst da ja schon relativ sicher zu sein was deine Zukunft angeht. Wie schaut es denn aus, wenn du dich jetzt mal an deine Zeit hier zurückerinnerst. So ganz allgemein: Was hat sich hier denn für dich besonderes ereignet? Was für eine Erfahrung nimmst du mit?

J: Wie? Was? Was hat sich?

A: Wenn du jetzt an deine Zeit hier zurückdenkst. Was hast du als Mitglied dieser Wohngemeinschaft so besonderes erlebt?

J: Ähm puh. Was Besonderes eigentlich nicht (...) Obwohl, doch! Dass man sich in Menschen täuschen kann (J. zieht die Augenbrauen hoch und schaut sehr ernst).

A: Auf was genau beziehst du dich da grade?

J: Naja auf Basti eigentlich. Basti ist damals eigentlich mehr oder weniger aus den gleichen Gründen wie ich in eine WG gezogen. Der war halt genervt von seiner vorherigen WG und auch von dem unsauberen Haus und unsauberen Mitbewohnern, aber eigentlich hat er sich da gar nicht wirklich drum gekümmert, dass das bei uns besser wird. Also wir hatten zwar das Thema Sauberkeit besprochen und ich dachte auch mit Basti kann man gut leben, weil ich den ja schon n bisschen kannte, aber zusammen wohnen ist halt doch echt nochmal eine andere Sache als wenn man sich so oberflächlich kennt. Also das (...) Ja. Das darfst du halt echt nicht unterschätzen einfach. Ja und Evi hat sich auch so nach und nach als nervig und komisch rausgestellt. Kann gar nicht sagen warum, aber die fand ich einfach irgendwie komisch.

A: Na gut. Das klingt doch für mich jetzt nach einem guten Schlusssatz. (A. lächelt) Und ich glaub ich hab' auch alles gehört was ich wissen wollte. Also von daher, ja (...) Danke ▩▩▩ für das Interview und die vielen ausführlichen Antworten. Das war jetzt wirklich ganz super so wie du das hier gemacht hast.

J: Ja klar. Gern. War ja kein Ding. (J. lächelt auch)

A: Dann sind wir hier auch fertig und können das Interview hiermit eigentlich offiziell beenden. (A. lächelt zufrieden).

Auswertung

Allgemeine Hinweise des Interviewers:

Der Befragte war anfangs etwas nervös und entspannte sich im Verlauf des Gesprächs zunehmend. So wurden sein Satzbau und seine Ausdrucksweise besser und es fiel leichter seinen Gedankengängen zu folgen. Das Interview fand Zuhause im Wohnzimmer des Befragten statt. Seine Mitbewohnerinnen waren beide nicht Zuhause. So war die Möglichkeit geboten, dass er auch Kritik an der Wohnsituation bedenkenlos äußern konnte. Die Stimmung zwischen Interviewer und Befragtem war durchweg angenehm und entspannt.

Ziel des Interviews war es möglichst viele Informationen zu den drei Themenbereichen: Geschichte, Funktion und Mitgliedschaft der WG herauszufinden. Zur Hilfestellung wurde ein entsprechender Leitfaden entwickelt.

Allgemein gliederte sich das Interview in drei große Punkte, welche wiederum erneut in drei Unterpunkte untergliedert werden konnten.

Im ersten Teil des Interviews galt es möglichst viel über die „Geschichte der WG" herauszufinden. Das Interesse lag hierbei zum Beispiel auf Fragen zur Gründung der WG, zu einzelnen WG Mitbewohnern oder zur ▒▒ persönlicher Vorstellung des Zusammenlebens. Hierzu wurde zunächst eine Erzählgenerierende Einstiegsfrage gestellt, danach folgten Fragen, die sich auf den Einzug in die WG bezogen und zuletzt folgten Fragen, die sich auf die aktuellen Mitbewohner konzentrierten.

Bereits die Einstiegsfrage offenbarte viel über die derzeitige Wohnsituation der Wohngemeinschaft und zeigte, dass der Befragte, ▒▒ nur aus Kostengründen in einer WG wohnt. So beschrieb er seine derzeitige Wohnsituation sogar als „Notsituation" und bezeichnete seine „Wohngemeinschaft" auch gleich zu Anfangs als „Zweckgemeinschaft". Bereits die Antwort auf die Einstiegsfrage ließ somit erahnen, dass es sich bei den Bewohnern dieser Wohngemeinschaft weniger um eine Freundschaft, als um ein „zweckmäßiges Arrangement" handelt.

Auf Fragen zu seinem Einzug in die WG erklärte ▒▒ dass er seine jetzige WG gemeinsam mit einem „gute[n] Bekannte[n] gründete und dass die beiden diese Entscheidung mit Mitte Zwanzig trafen, weil sie beide als Studenten nicht genug Geld gehabt hätten um sich jeder für sich eine Wohnung mit derart hohem Standard leisten zu können. So gründeten die beiden eine WG und machten sich auf die Suche nach einer dritten Mitbewohnerin, Evi, um die Größe der Wohnung auszunutzen und die Pro-Mann-Kosten für die Wohnung möglichst niedrig zu halten. Indem ▒▒

schildert was ihn zum ersten Mal dazu bewogen hat wird klar, dass für ihn das mangelnde Budget jeher der Auslöser war um eine Wohngemeinschaft in Betracht zu ziehen.

In Bezug auf die aktuellen Mitbewohner stellte sich heraus, dass sich die ursprüngliche Konstellation der WG-Bewohner mittlerweile, bis auf ▮▮▮ komplett verändert hat. So wohnt ▮▮▮ nun mit zwei jungen Frauen zusammen, die auch beide wie er studieren. Wie ▮▮▮ selbst meint wäre diese Art als Student so zu wohnen „typisch halt für eine WG". Weiterhin schildert er, dass er die Mitbewohner stets über eine „Wohnungs-Annonce" suchte, die bei „WG-gesucht" im Internet geschaltet wurde. Typischerweise übernimmt die Annonce stets die Person, welche aus der WG auszieht und die Entscheidung darüber wer einziehen darf übernehmen die Mitbewohner, die weiterhin in der Wohnung leben. Da in seinem Fall die ersten beiden Mitbewohner fast zeitgleich auszogen, übernahm er die Entscheidung alleine. Zwar gab ▮▮▮ im weiteren Gesprächsverlauf an, dass er bei der Auswahl der Mitbewohner auf keine bestimmten Kriterien achten würde, jedoch stellt sich daraufhin heraus, dass es doch einige Kriterien gibt, die eine Rolle bei der Auswahl spielen. Zum Beispiel das Alter der Bewerber/innen. Auch schien es ausschlaggebend zu sein, dass die Bewerber ▮▮▮ Vorstellung vom gemeinschaftlichen Zusammenleben und Sauberkeit teilen und nicht planen regelmäßig große Partys zu veranstalten. Letztlich entschied ▮▮▮ persönlicher Geschmack und der erste Eindruck darüber, wen er als „passend" für die WG einstufte. Ebenso interessant war, dass ▮▮▮ zwar äußerte, dass ihn die Suche nach Mitbewohnern kalt ließe, dass sich jedoch im Nachhinein herausstellte, dass es immer wieder zu kleinen Diskussionen mit Mitbewohnerinnen kommt. Des Weiteren wurde geklärt wer bisher in ▮▮▮ WG lebte und wer aktuell in der WG lebt. Auch zeigte sich ▮▮▮ Haltung gegenüber den vergangenen und aktuellen Mitbewohnern. So zeigte sich, dass ▮▮▮ zwar zu Beginn nicht gerade begeistert war von den ständigen Wechseln der Mitbewohner, er jedoch mittlerweile froh ist, dass diese zustande kamen.

Ein weiteres Ziel des Interviews war es Informationen über die Funktion der WG zu erhalten. Zuerst sollten ▮▮▮ Gründe und seine Motivation für das Leben in einer WG aufgezeigt werden. Wie schon zu Beginn des Interviews zeigte sich, dass ▮▮▮ Entscheidung für die WG hauptsächlich auf Grundlage finanzieller Vorteile beruht und dass ▮▮▮ besonders die Größe seiner Wohnung schätzt. Die Gründe seiner Mitbewohner für die gemeinschaftliche Wohnung schätzt ▮▮▮ ähnlich ein. So behauptet er „Der Hauptgrund ist der gleiche. Aber dann haben sie eben beide noch zusätzliche Gründe, die ich nicht mit ihnen teile". Er erklärt nämlich, dass er sich durchaus vorstellen kann, dass sich seine Mitbewohner auch nach sozialen Kontakten sehnten, als sie sich dafür entschieden in eine WG zu ziehen. Obwohl ▮▮▮ darum weiß, dass dieses Gemeinschaftsgefühl in seiner WG nicht vorhanden ist, gibt er im Folgenden an er schätze seine Mitbewohnerinnen wären, genauso wie er selbst auch, mit der aktuellen Wohnsituation zufrieden.

Wie sich an späterer Stelle des Interviews herausstellt sieht ▊▊ „ideale Wohnsituation" anders aus. So erklärt er später er würde lieber mit Freunden oder seiner Freundin zusammenleben, dies wäre jedoch derzeit aus bestimmten Gründen nicht möglich.

Im nächsten Teil sprachen die Interviewpartner über den Wohnraum des Befragten. So erklärte ▊▊ genaueres über die Ausstattung der Vier-Zimmer-Wohnung und über die einzelnen Zimmer. Interessant hierbei war die Tatsache, dass ▊▊ angab die Wohnung würde ihm zwar insgesamt ganz gut gefallen, jedoch würde er einige Veränderungen vornehmen, wenn er alleiniger Mieter der Wohnung wäre, oder wenn er sie mit Freunden oder seiner Freundin teilen würde. Im Rahmen der aktuellen WG würden die Bewohner allerdings „keinen großen Input" reinstecken. Auch wird deutlich, dass die Größe der Wohnung für ▊▊ eine große Rolle spielt. So gründete er dem großen Wohnraum zuliebe nicht nur eine WG mit anfangs fremden Menschen, sondern gibt sich sogar mit einem recht kleinen Zimmer zufrieden, solange er die Möglichkeit hat noch weitere Gemeinschaftsräume der Wohnung mit für sich beanspruchen zu können. Weiterhin stellt sich heraus, dass sich alle drei Mitbewohner/innen eher wenig Zuhause aufhalten und stattdessen relativ viel unterwegs sind.

Um den zweiten Interessensbereich des Interviews abzuschließen und weitere Erkenntnisse über die Funktion der WG zu gewinnen, widmeten sich das weitere Gespräch der Frage, welche Funktionen das Zusammenleben für die WG-Bewohner zu erfüllen hat.
Für ▊▊ scheint das Zusammenleben keinen großen Vorteil mit sich zu bringen. So besteht der einzige nennenswerte Vorteil seiner Meinung daraus, dass die Miete für den relativ großen und schönen Wohnraum geteilt wird. Zwar spricht er auch an, dass gelegentlich kleine Gefälligkeiten getätigt werden, wie beispielsweise das Mitbringen von Hygieneartikeln aus dem Supermarkt, jedoch beschreibt er das WG-Leben allgemein als „recht isoliert [...] voneinander". Nach genauerem Fragen stellte sich heraus, dass die Mitbewohner einige Gegenstände gemeinschaftlich kaufen und teilen. So erklärte ▊▊ dass er der Großteil der WG-Einrichtung selbst mitgebracht hat und dass er diese nun zwar für die Allgemeinheit zur Verfügung stellt, den Mitbewohnern im Gegenzug jedoch von Anfang an einen Zuschlag auf den Mietpreis hierfür berechnet. Dass die Mitbewohner prozentual gesehen mehr Miete zahlen als er liegt daran, dass er sie für die indirekte Abnutzung der Möbel bezahlen lässt. Mit gemeinsamen Anschaffung wird ähnlich verfahren. Im Falle eines Mitbewohner-Wechsels wäre es wohl üblich, dass die entsprechenden WG-Bewohner sich untereinander einig würden und, dass der ausziehende Bewohner von dem einziehenden Bewohner eine Art Ablöse für angeschaffte Gegenstände (Staubsauger, etc.) verlangt. ▊▊ gibt an, dass sich dieses Verfahren bisher bewährt hätte.
Feste Regeln für die Bewohner gibt es laut ▊▊ kaum. Und wenn, dann wurden diese bisher, bis auf den Putzplan, nirgendwo festgehalten. Einzig auf Einrichtung scheint ▊▊ großen Wert zu

legen, denn wie er erzählt ist es ihm sehr wichtig, dass es innerhalb der WG abgesprochen wird, wenn neue Einrichtungsgegenstände für die Gemeinschafträume angeschafft werden. Als es in der Vergangenheit vorkam, dass seine Mitbewohnerinnen Gegenstände mitbrachten ohne es vorher abzuklären sprach ▒▒ die Situation an. So entstand eine Art neue Regel: „Anschaffungen werden vorher abgesprochen". Da der Befragte mehrmals angab der Hauptgrund für die Wohngemeinschaft wären vor allem Kostengründe wurde er gebeten nähere Angaben zu den laufenden Kosten zu machen. Hierbei stellte sich heraus, dass die Bewohner sich nicht nur Miete, sondern auch Strom, Wasser, Internetkosten und GEZ-Gebühr teilen, und dass ▒▒ allein für die Überweisung der Kosten zuständig ist. Seine Mitbewohner überweisen die monatlichen Kosten wiederum auf sein Konto. Dieses Modell habe sich im Laufe der Jahre so ergeben, stelle kein Problem dar und erweist sich ▒▒ Angaben nach immer noch als einfach umsetzbar.

Das letzte Drittel des Interviews galt dem Interessensbereich „Mitgliedschaft".
In Bezug auf ▒▒ persönliche Meinung über das Zusammenleben mit zwei weiteren Menschen zeigte sich, dass ▒▒ weder besonders positiv, noch besonders negativ darüber denkt. So beschrieb er seine Wohnsituation als „einfach eine sehr neutrale Situation" und erklärte, dass er mit Katrin ein recht gutes Verhältnis, mit ihrer Zwischenmieterin Alex und der dritten Mitbewohnerin Martina jedoch ein eher oberflächliches Verhältnis hat. So stellte sich heraus, dass die Mitbewohner keine gemeinsamen Aktivitäten unternehmen, dass ▒▒ die Atmosphäre in der Wohnung dennoch als „positiv bis neutral" empfindet. Besonders interessant war ▒▒ Antwort auf die Frage, ob zwischen den WG-Mitgliedern eine Art Gemeinschaftsgefühl herrschen würde. Seiner Meinung nach fühlt sich die WG schon „als eine Art kleine Gruppe. Auch meint er, dass die gemeinsame Wohnung „schon trotzdem nicht zu unterschätzen" wäre und beschreibt wie die gemeinsame Organisation und das Leben in der gemeinsamen Wohnung die Mitglieder verbindet.
Die gemeinsame Organisation des Zusammenlebens stellte sich weitestgehend als unkompliziert heraus. So herrschen keine festen Regeln was gewisse Uhrzeiten fürs Badezimmer oder eine begrenzte Anzahl an Gästen angeht. Auf genaueres Fragen hin stellt sich heraus, dass wohl durchaus einige Regeln bestehen, dass diese allerdings nicht notwendigerweise festgehalten wurden, da zwischen den Bewohnern ein Konsens besteht was das Einladen von Gästen oder die Reinlichkeit der Wohnung betrifft. So halten sich alle Bewohner an einen festen Putzplan, der am WG-Kühlschrank hängt und dafür sorgt, dass die Wohnung einmal die Woche gemeinschaftlich gereinigt wird. ▒▒ gibt des Weiteren an, dass die Mitbewohner alle gleichberechtigt sind, dass die Aufgaben fair verteilt wären und dass die Kommunikation im Normalfall per WhatsApp-Gruppe geregelt werden würde. Lediglich bei Problemen würde die Gruppe lieber von Angesicht zu Angesicht kommunizieren als über ein Chatprogramm. Das war wohl bereits einmal der Fall, als ▒▒ Mitbewohnerinnen unangekündigt die Wohnung dekorierten haben und ▒▒ diese Gestaltung der Wohnung missfiel.

Generell scheint 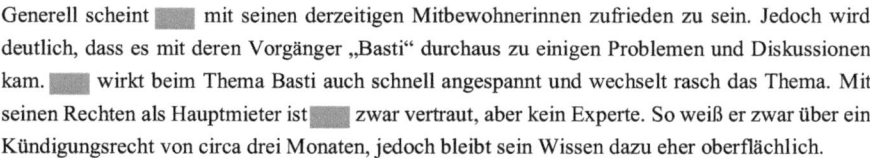 mit seinen derzeitigen Mitbewohnerinnen zufrieden zu sein. Jedoch wird deutlich, dass es mit deren Vorgänger „Basti" durchaus zu einigen Problemen und Diskussionen kam. ▪ wirkt beim Thema Basti auch schnell angespannt und wechselt rasch das Thema. Mit seinen Rechten als Hauptmieter ist ▪ zwar vertraut, aber kein Experte. So weiß er zwar über ein Kündigungsrecht von circa drei Monaten, jedoch bleibt sein Wissen dazu eher oberflächlich.

Da es in ▪ WG bereits zu mehreren Ein- und Auszügen seiner Mitbewohner/innen kam sollte zuletzt geklärt werden wie die WG diese Umzüge organisiert hat. Der Befragte erklärte, dass die Organisation eines Nachmieters prinzipiell die Aufgabe der ausziehenden Person wäre und erklärte, dass dies bisher immer dementsprechend gelöst wurde. So schalteten die ausziehenden Mitbewohner vor dem Auszug eine Wohnungsannonce für einen Nachmieter. Die Arbeit, für die Personen, die in der WG blieben, begann erst bei der Auswahl der Nachmieter. Weiterhin sollten ausziehende Mitbewohner die Wohnung beim Auszug einwandfrei hinterlassen. Dies scheint nicht immer funktioniert zu haben. Abschließende Fragen drehten sich um die Frage, wie ▪ künftige „Wunsch-Wohnsituation" aussieht. Es stellte sich heraus, dass ▪ nicht mehr plant allzu lange in seiner aktuellen WG zu leben. So plant er spätestens dann in eine eigene Wohnung umzuziehen, wenn er sein Studium beendet hat und anfängt zu arbeiten. Auch teilt ▪ etwas enttäuscht mit, dass er durch sein WG-Leben lernen konnte wie man sich in Menschen täuschen kann. Hierbei bezieht er sich auf seine schlechten Erfahrungen mit Basti.

Alles in allem schien der Befragte mit seiner aktuellen Wohnsituation weitestgehend zufrieden. Er betont jedoch mehrmals den Hauptgrund für diese Situation und erklärte, dass er gerade aufgrund seiner finanziellen Situation in einer WG lebt. Spätestens als er es am Ende klar formuliert wird klar, dass die ideale Wohnsituation des Befragten durchaus von seiner aktuellen Situation abweicht.

Anhang: Der Leitfaden

Der flexible Leitfaden half dabei, dass alle offenen Frage geklärt werden konnte und half die Fragen in eine thematische Reihenfolge zu bringen. Diese Gliederung des Interviews in neun Themenblöcke erleichterte wiederum die Analyse des Interviews.

1. Bereich: Geschichte

   1.1. Erzählgenerierende Einstiegsfrage
   Kannst du mir erkläre, was es für bedeutet in einer Wohngemeinschaft zu leben?

   1.2. Einzug in die WG
   - o Wie kam es dazu, dass du in einer Wohngemeinschaft lebst?
   - o Wie würdest du deine Lebenssituation beschreiben, als du in die WG gezogen bist?
   - o Wo hast du vorher gewohnt?
   - o Wie kamst du auf die Idee?
   - o Gibt es Menschen in deinem Bekanntenkreis die auch in einer WG leben?
   - o Seit wann lebst du in dieser WG? (Wie alt warst du da?)
   - o Ist das deine erste WG?
   - o Sah die Wohnung schon von Beginn an so aus? Habt ihr beim Einzug etwas verändert?
   - o Wie kam es zur Gründung?
   - o Wohnt ihr immer noch in derselben Konstellation zusammen in der ihr eingezogen seid?

   1.3. Aktuelle Mitbewohner
   - o Wer lebt hier aktuell noch?
   - o Seit wann leben die Mitbewohner in der WG?
   - o Kanntet ihr einander schon vor dem Einzug?
   - o Wie habt ihr einander gefunden?
   - o Was für Kriterien waren dir bei der Suche nach neuen Mitbewohnern wichtig? (Alter, Herkunft, Religion, Geschlecht, Interessen?)
   - o Wer hat vorher hier gewohnt?
   - o Wo haben sie vorher gewohnt?

2. Bereich: Funktion der WG

   2.1. Gründe und Motivation des WG-Lebens
   - o Warum lebst du in der WG? Was ist der Hauptgrund?
   - o Hast du noch weitere Vorteile?
   - o Was meinst du warum leben die anderen Mitbewohner so?
   - o Was könnten allgemeine Gründe sein um in einer WG zu leben?
   - o Bist du zufrieden? Erfüllt die Wohngemeinschaft die Funktion die du dir von ihr wünschst?

2.2. Wohnung und Wohnraum
- Wie groß ist eure WG? Wieviele Zimmer habt ihr?
- Was für besondere Ausstattung habt ihr? (Waschmaschine, Spülmaschine)
- Gefällt dir die Wohnung? → Warum?
- Wie groß ist dein Zimmer?
- Habt ihr einen gemeinsamen Aufenthaltsraum? Wird er genutzt?
- Wo in der Wohnung hältst du dich am meisten auf?
- Wo halten sich die anderen am meisten auf? → Warum?
- Hältst du dich generell viel Zuhause auf? → Warum?
- Und die anderen?
- Wie denkst du darüber? Würdest du dir die Situation anders wünschen?

2.3. Funktion des Zusammenlebens
- Gibt es Punkte in denen du von dem Zusammenleben profitierst? (abgesehen von der Miete)
- Kommt es durch euer Zusammenleben für dich manchmal zu Nachteilen?
- Gibt es Dinge (Möbel, Utensilien) die ihr teilt?
- Was teilt ihr?
- Wie regelt ihr das?
- Wie gestaltete sich die Einrichtung der Wohnung? Kauft ihr Möbel gemeinsam?
- Entscheidet ihr gemeinsam über die Einrichtung oder nicht?
- Was für Kosten fallen monatlich an?
- Wie regelt ihr die Bezahlung von Miete, Strom oder Internet?
- Wer zahlt wieviel und warum?
- Überweist ihr das Geld einzeln an den Vermieter?
- Warum regelt ihr das so?

3. Bereich: Mitgliedschaft

3.1. Persönliche Aspekte des Zusammenlebens
- Wie gefällt dir das Zusammenleben mit zwei weiteren Menschen?
- Wie stehst du zu deinen Mitbewohnern?
- Fällt es dir eher schwer oder leicht ein Verhältnis zu anfangs fremden Mitbewohnern aufzubauen?
- Wie ist es dir mit deinen aktuellen Mitbewohnern gelungen?
- In einigen WGs spielt Gemeinschaft eine große Rolle. Wie ist das bei euch?
- Spielt/ Kocht ihr zusammen?

3.2. Organisation des Zusammenlebens
- Gibt es gewisse Regeln an die sich alle Mitbewohner halten müssen? Welche?
  → z.B. Zeiten wann wer ins Bad geht oder wann Abends Ruhe ist?
- Darf jeder Bewohner Gäste einladen wann und wieviel er möchte?
- Habt ihr öfter Gäste?
- Genießt du als Hauptmieter gewisse Privilegien oder Aufgaben?
- Wie regelt ihr die Reinigung der Wohnung?
- Wie organisiert ihr euch allgemein oder sprecht euch ab? Von Angesicht zu Angesicht oder schriftlich?

- Wie kommuniziert ihr mit dem Vermieter? Übernimmt das einer von euch?
- Habt ihr eure Regeln irgendwo festgehalten? Scheinen dir die Aufgaben fair verteilt?
- Hat sie schon mal jemand gebrochen?

- Wie verhaltet ihr euch bei Problemen? Wie geht ihr vor um sie zu lösen?
- Gab es sonst schon mal andere Schwierigkeiten?
- Wie seid ihr damit umgegangen? Wie sollte man am besten damit umgehen?
- Welche Situationen sind dir besonders im Gedächtnis geblieben?
- Gibt es Dinge, die dich an deinen Mitbewohnern stören?
- Was könntest du als Hauptmieter unternehmen, wenn du einen Mitbewohner aus deiner Wohnung haben möchtest?
- Gibt es Dinge die du gerne magst?

3.3. Organisation bei Ein- und Auszügen
- Warum sind die letzten Mitbewohner ausgezogen?
- Wie wurde es geregelt, wenn einer aus und der andere einzog?
- Wie gestaltet sich der Austritt organisatorisch? Muss sich ausziehender Kümmern?
- Wie findet ihr neue eine/n neue/n Mitbewohner/in?
  - Nimmt jeder beim Auszug wieder alle gekauften Gegenstände mit oder löst ihr ihm etwas ab?
  - Kam es zu Vereinbarungen zwischen Ein- und Auszieher?
- Wie stehst du persönlich zu Mitbewohnerwechseln?
  - Anstrengend? Angsteinflössend? Viel Arbeit, wenig Arbeit.
- Wie lange dauert es bis man ausziehen kann, was muss erfüllt und geleistet werden?
- Kannst du dir vorstellen noch lange in einer WG zu leben?
- Und in dieser hier speziell?
- Wenn du an die Zukunft denkst – wie möchtest du künftig leben& wohnen?
- Wann ist für dich Schluss mit WG und warum?
- Wenn du an deine Zeit hier zurückdenkst – Was hat sich besonderes ereignet?